EUCHARISTE MOISAN

DU MÊME AUTEUR

DENYS ARCAND

Euchariste Moisan

D'après *Trente arpents* de Ringuet

LEMÉAC

Leméac Éditeur reconnaît l'aide financière du gouvernement du Canada par l'entremise du Fonds du livre du Canada pour ses activités d'édition et remercie le Conseil des arts du Canada, la Société de développement des entreprises culturelles du Québec (SODEC) et le Programme de crédit d'impôt pour l'édition de livres du Québec (Gestion SODEC) du soutien accordé à son programme de publication.

ISBN 978-2-7609-3360-6

© Copyright Ottawa 2013 par Leméac Éditeur
4609, rue D'Iberville, 1er étage, Montréal (Québec) H2H 2L9
Dépôt légal – Bibliothèque et Archives nationales du Québec, 2013

Imprimé au Canada

PREMIÈRE PARTIE

PRINTEMPS

J'avais cinq ans quand on est passés au feu chez nous. Mon père avait été ben influencé par le curé Labelle. Il avait laissé le village pour aller défricher une terre de roche en haut de Sainte-Adèle. De la roche pis encore de la roche. Il y avait même pas moyen de faire pousser des patates. Un été il est pas tombé une goutte de pluie pendant cinq semaines. Le feu a pris dans la grange. Tout a brûlé : la grange, l'écurie, la maison, mon pauvre père, ma pauvre mère, pis Agénor, pis Marie-Louise. Je sais même pas comment j'ai fait pour me sauver. J'étais tout petit, j'avais cinq ans.

Ils m'ont renvoyé au village. J'ai été adopté par mon oncle Éphrem pis ma tante Mélie. Ils avaient pas eu d'enfants eux autres pis ils avaient hérité de la terre ancestrale des Moisan. Je suis pas allé à l'école longtemps, j'ai tout de suite commencé à donner un coup de main sur la terre. Quand j'ai eu vingt et un, vingt-deux ans, je me suis mis à fréquenter Phonsine Branchaud, la fille des voisins d'à côté. À mesure que je voyais les gars de mon âge se marier, je me rendais compte que cette fille-là était chaussure à mon pied. Elle était bâtie solide, pas regardante à l'ouvrage, je savais qu'elle serait capable de tenir maison pis de me donner un coup de main dans le temps des foins. Sans compter qu'elle était avenante pis qu'elle avait une belle taille ; je me disais qu'elle serait bonne pour me donner des garçons solides. Fait que j'ai commencé à aller la voir tous les dimanches après-midi. J'arrivais chez eux vers les deux heures pis je restais jusqu'à l'heure de traire les vaches à la fin de l'après-midi. On s'assoyait côte à côte sur la galerie. On se donnait des nouvelles de la terre, des voisins... De temps en temps une de ses sœurs ou un de ses frères venait jaser avec nous autres, mais son père pis sa mère s'arrangeaient pour qu'on soit tout seuls le plus clair du temps. On se berçait.

Je savais que j'étais un bon parti, pis son père le savait aussi. C'est moi qui allais hériter de la terre, pis j'avais déjà de l'argent de côté. Peut-être pas de l'argent sonnant, mais mon oncle Éphrem m'en devait pas mal depuis dix ans que je travaillais pour lui. C'est pour ça que je voulais pas m'avancer avant que le père Branchaud ouvre son jeu un peu. Mais en même temps je voulais pas trop attendre, des fois qu'il surviendrait quelqu'un pour me voler ma Phonsine. Finalement avant que je parte un dimanche il m'a dit : « T'es-t-un bon garçon, Chariss. Tu prends pas souvent un coup de trop. T'es dur à l'ouvrage. Je te connais ben. Je suis pas riche, mais j'ai toujours ben quelques piasses de ménagées, quand ça sera le temps de s'entendre, tu vas voir que je fafinerai pas. »

Ça, ça voulait dire qu'il était prêt à doter sa fille et pis à payer la noce. C'est ça que je voulais entendre. Fait que là j'ai voulu faire ça le plus vite possible. Parce que ça commençait à me démanger. Il y a des fois quand elle venait me reconduire jusqu'à la clôture, j'aurais quasiment sauté dessus, drette là sans dire un mot, comme c'était arrivé un soir avec la Francine, une fois que je l'avais rencontrée. Mais c'est entendu que je pouvais pas faire ça avec Phonsine, c'était une fille de cultivateur, elle savait bien qu'on achète jamais ce qu'on a eu gratis la première fois. On a décidé de se marier tout de suite après les labours du printemps.

Cet automne-là il a plu à boire debout pendant quasiment quarante jours. On pataugeait dans la bouette pour redresser nos clôtures. Un bon matin, on était en train de manger nos grillades de lard avec nos galettes de sarrasin, mon oncle Éphrem s'est senti étourdi. Il est allé s'asseoir dans sa chaise, il était comme essoufflé. Ma tante le chicanait, elle disait que ça avait pas de bon sens de planter des piquets à son âge. Il s'en allait sur soixante-cinq. J'y ai offert d'aller chercher le docteur au village mais il a pas voulu. Il aimait pas les docteurs. Il trouvait que c'était payer ben cher pour pas grand-chose. Le lendemain la première neige est tombée, je suis monté sur le coteau faire du bois, je suis revenu la noirceur tombait, mon oncle était pas là.

Ma tante commençait à être inquiète. J'ai allumé un fanal pis je suis parti le chercher. Je l'ai trouvé couché à terre au-devers du ruisseau. Probablement qu'il avait cherché à boire une gorgée d'eau. Il avait eu un coup de sang. Il respirait encore. Je l'ai mis sur mon dos pis je l'ai transporté jusqu'à la maison. Je l'ai étendu sur son lit. Ma tante courait partout en criant : « Seigneur Jésus ! Seigneur Jésus ! » Au bout d'un quart d'heure il a arrêté de respirer. Il avait fini son temps de misère. Il était rendu devant le Bon Dieu. C'est un homme qui s'était pas beaucoup reposé pendant sa vie. Ma tante s'est mis à pleurer. J'ai tenu sa chaise pour qu'elle monte arrêter le balancier de l'horloge comme il fallait faire. Après ça elle est allée fermer les yeux du mort, elle a redressé ses jambes pis elle a attaché un grand mouchoir rouge en dessous de son menton pour pas qu'il reste la bouche ouverte. Les femmes savent ce qu'il faut faire dans ces cas-là. Il mouillait encore le jour qu'on est allés l'enterrer. Il est venu ben du monde, un Moisan c'est pas n'importe qui. J'ai payé pour le service pis l'enterrement, pis j'ai payé le menuisier pour qu'il mette une planche debout dans le cimetière avec écrit dessus : « Éphrem Moisan, qui repose là en attendant la Résurrection ». Pauvre vieux, qui c'est qui aurait dit ça ?

Tout seul sur la terre juste avec ma vieille tante, je me suis rendu compte que je pourrais pas fournir. J'ai demandé à monsieur le curé la permission d'avancer mon mariage. Il a été ben blood. On a fait ça au milieu du mois de mars, juste quand l'hiver commence à faiblir. Le père Branchaud a fait les choses en grand : le monde ont mangé et bu pendant trois jours à notre santé. Il y en a qui en parlent encore de ces noces-là. Phonsine pis moi on est rentrés chez nous le premier soir. On s'est installés en bas, dans la chambre de mon oncle. Ma tante est montée en haut dans mon ancienne chambre. Phonsine a pris la maison en charge. Maudit que je me suis senti ben. Vu que la neige était pas encore toute fondue, il y a des après-midi j'avais pas grand-chose à faire, je m'assoyais dans ma chaise berçante, je fumais ma pipe pis je la regardais s'affairer dans la cuisine. Elle passait devant moi avec ses beaux cheveux châtains arrangés en chignon, pis je me disais : « C'est ma femme ça, la femme de Chariss Moisan. » Des fois elle s'arrêtait pour me dire : « Fatigue-toi pas trop, Chariss, si tu continues de même tu vas te donner un tour de rein ! » Ma tante était là, je pouvais pas trop répondre. Le soir il fallait attendre qu'elle soit endormie en haut, avant de pouvoir se permettre tout ce qui était permis. Dans le jour on aurait pas osé s'embrasser. Il y a des fois par exemple elle venait me retrouver dans le hangar ou dans le fenil. Quand elle sortait de là, c'est arrivé qu'elle ait du foin dans le toupet !

Au bout d'un certain temps j'ai remarqué que son pas commençait à être plus pesant. Ses hanches avaient arrondi aussi. Un beau jour je l'ai surpris en train de tailler des pièces de coton blanc. Je me doutais ben un peu de ce qui s'en venait, mais j'ai fait l'innocent, j'y ai dit: «Coudonc, es-tu en train de me faire une chemise des dimanches pour aller voir les filles?» Elle m'a répondu: «Astheure ça va être un autre qui va aller voir les filles, Chariss, quand il sera grand.» Là j'y ai dit: «C'est pour quand?» Elle m'a dit: «Ça sera peut-être ton cadeau du jour de l'An si t'es pas trop chéti.»

Là je me suis senti tellement ben. Tellement ben. Juste six mois avant j'étais encore l'orphelin, l'adopté, quasiment l'homme engagé. Pis là, tout d'un coup, la terre était à moi. J'avais une femme, pis on allait avoir un garçon. Ce printemps-là, j'ai semé pour trois. C'est moi qui étais l'héritier de la terre des Moisan. C'est moi qui succédais à tous ceux qui étaient venus avant, ceux qui avaient traversé de la France, les ancêtres, les grands-pères, l'oncle Éphrem, c'est moi qui allais continuer, jusqu'à tant que je sois frappé à mon tour pis que mes garçons prennent ma place. Pis j'avais la chance d'avoir encore ma tante Mélie avec moi. C'est elle qui allait chanter à mes enfants:

C'est la poulette grise
Qu'a pondu dans l'église
Elle a pondu un p'tit coco
Pour bébé qui va faire dodo
Dodi, do, dodo

C'est elle, ma tante Mélie, qui allait les faire rire en récitant : « Tit-œil, gros œil, sourcillon, sourcillette » ou ben : « Au pas, au trot, tit galop, gros galop ! » C'est elle aussi qui allait leur raconter la vie de Tiribe Moisan qui était capable de plier un écu à la force de ses doigts. C'est lui qui s'était battu toute une nuit contre un loup-garou. Il y avait aussi l'histoire du grand-oncle Gustin Lafrenière qui était parti avec son fusil se battre contre les Anglais, les habits rouges, à Saint-Charles-sur-le-Richelieu. Colborne, le vieux brûlot, l'avait mis en prison pendant dix mois à cause de ça. C'est important toutes ces histoires-là.

Une nuit j'étais complètement endormi, me semblait que quelqu'un me frappait. J'ai fini par me réveiller, c'est Phonsine qui me donnait des coups de coude. « Réveille-toi, Chariss, qu'elle me disait, je suis pas ben pantoute. » Elle avait mal dans le corps sans bon sens. Ma tante Mélie est arrivée avec un fanal.

Elle m'a envoyé chercher le docteur au village. On est revenus il faisait encore noir. Le docteur s'est enfermé dans la chambre avec les deux femmes. Je suis resté tout seul dans la cuisine. De temps en temps j'entendais Phonsine qui poussait des cris. C'était effrayant. Ça a duré de même pendant des heures. À l'heure du midi, ma tante Mélie a ouvert la porte, elle avait un petit dans les bras. Elle me l'a montré en disant : « C'est un garçon, Chariss, pis c'est un beau. » J'ai vu dans le lit ma pauvre Phonsine, les yeux fermés, blanche comme une morte. Ben pourtant, cinq jours après, elle avait recommencé à travailler. Elle était un peu faible, c'est entendu, mais on aurait dit que quand elle nourrissait son bébé, ça y donnait des forces extraordinaires. Là ben c'était le problème de quel nom y donner. Ma tante Mélie aurait voulu l'appeler Éphrem comme mon oncle. Moi je penchais pour Barthélémi. Me semblait que c'était un vrai nom d'homme ça. Pis quand j'étais petit, à Sainte-Adèle, il y avait un gars qui s'appelait Barthélémi, il était fort comme un cheval. Je me disais que ce nom-là y donnerait peut-être de la force. Mais Phonsine, elle, avait son idée. Autrefois, à l'église, dans un sermon de retraite, elle avait entendu le nom d'Oguinase. Elle s'était promis d'appeler son plus vieux comme ça. On l'a baptisé Joseph, Éphrem, Oguinase.

Fait que la vie s'est organisée comme ça. Moi je m'occupais de la terre, pis Phonsine s'occupait de la maison. Le soir après souper, des fois j'allais voir si on avait pas de la malle chez la veuve Auger. Le député y avait donné une station postale pis elle avait ouvert un genre de petit magasin général en même temps. Il y avait ben des hommes qui se tenaient là. On jouait aux dames. Il se buvait un petit peu de whisky blanc aussi, mais sans excès, raisonnablement. Phonsine trouvait rien à redire à ça, elle savait que j'étais un bon garçon, je me dérangeais pas pis j'étais capable de m'arrêter à temps. Pour me faire pardonner, ça m'arrivait souvent d'y rapporter du magasin une fanfreluche pour ses toilettes du dimanche.

Après Oguinase, on a eu Héléna, la plus vieille de nos filles.

Mon voisin moi s'appelait Phydime Raymond, c'était un petit nerveux avec les yeux chafouins pis des gros favoris jamais rasés. J'ai toujours trouvé qu'il avait l'air sournois. Il riait jamais. Faut toujours se méfier des hommes qui rient jamais.

Nos deux terres s'étalaient côte à côte à partir de la route jusqu'au coteau. Sur le coteau moi j'avais une terre à bois, pis lui avait une érablière. Mais moi j'avais aussi une cinquantaine d'érables qui faisaient comme une avancée sur son terrain à lui. Ce bout de terrain là, ça fatiguait les Raymond depuis des générations. Le propre père de Phydime en avait parlé à mon oncle Éphrem. Un été, pendant le temps des foins, la femme de Phydime, la grosse Raymond, avait dit à Phonsine : «As-tu déjà remarqué, Phonsine, que notre terre fait un croche rendue sur le coteau? Ça nous rallonge pour se rendre à notre sucrerie.» Des mois plus tard, quand j'ai entendu Phydime se plaindre que ça valait quasiment pas la peine d'entailler vu qu'il avait pas assez d'érables, j'ai compris ce que parler veut dire. Je savais que ça viendrait un de ces jours.

Cet hiver-là Phonsine pis moi on est allés chez son père un dimanche après-midi. Il recevait Willie Daviau, le cabaleur du député provincial François Auger. Tous les libéraux du rang étaient là. Les Moisan nous autres on a toujours été libéral. Même le monde disaient : «Pas besoin de demander si y est rouge, c'est un Moisan», un peu comme ils disaient : «Les

Touchette sont bleus depuis les plaines d'Abraham.» Pis là Willie disait que ça nous prenait des bons hommes au Parlement de Québec, autrement les Anglais d'Ottawa nous mangeraient la laine sur le dos. C'est un peu toujours la même chose ces affaires-là. Finalement en sortant de là, Phydime était en train d'atteler dans la cour, pis c'est là qu'il m'a dit : «Coudonc, faudrait que je te voye un de ces jours qu'on s'arrange pour la clôture de l'érablière.» J'y ai répondu : «Viens fumer une pipe à la maison. On en reparlera.»

Au printemps on a eu notre deuxième garçon, Étienne. Les enfants, moi ça m'inquiétait pas. La terre était capable de faire vivre des Moisan tant qu'il y en aurait. S'il devait en venir dix, il en viendrait dix. Quinze, ça serait quinze. Comme tout le monde, jusqu'à tant que Phonsine ait son nombre. Chaque femme a un nombre pis faut qu'elle se rende jusque-là. C'est de même que ça marche. Mais pendant ce temps-là Héléna, la petite fille, marchait pas encore à quatorze mois comptés. Elle avait toujours été chétive. À six mois tout d'un coup elle avait engraissé un peu, mais elle avait perdu ça tout de suite. Elle était comme toute ridée, elle avait l'air d'une petite vieille, pis on aurait dit que ses yeux se creusaient terriblement. Elle est morte quelques jours après le baptême d'Étienne. Un matin Phonsine l'a trouvée toute glacée dans son petit lit. On a eu ben de la peine. Surtout Phonsine, c'était sa première fille. Elle comptait sur elle pour l'aider dans la maison. Mais bon, elle a fini par se consoler en se disant qu'elle en aurait d'autres.

Un soir Phydime Raymond s'est amené chez nous en disant qu'il venait s'informer de ma vache malade. On a jasé pendant un bout de temps. Les élections qui s'en venaient. Pétrusse Authier qui s'en allait des poumons. Après une demi-heure il s'est levé pour partir, pis en venant pour passer la porte il m'a dit : « Pis que c'est qu'on va faire finalement avec tes érables sur le coteau ? » Là il a commencé par m'offrir de me vendre son érablière à lui. Ça m'intéressait pas mais j'y ai répondu que ça avait peut-être du bon sens. Il m'a dit que d'après lui tout le coteau valait pas dix piastres. J'y ai offert d'entailler mes érables à moi s'il voulait. J'y ai fait accroire que mon intention était de défricher ça un jour pour semer du foin. C'était pas vrai pantoute, la terre sur le coteau, c'est de la terre rouge. Il y a rien qui peut pousser là-dedans. Rien du tout. En me couchant ce soir-là j'ai dit à Phonsine : « Phydime tente fort sur mes cinquante érables. J'ai quasiment idée d'y vendre. Surtout que c'est de la mauvaise terre, cette terre rouge là. » Elle m'a demandé combien je pensais vendre. J'y ai répondu que pour ce que j'en faisais, vingt-cinq piasses ça me paierait encore. Elle s'est endormie là-dessus. Phydime est revenu deux jours après. Il m'a offert vingt piasses. J'y ai demandé soixante et quinze. On a parlé de la température, on s'est entendus pour cinquante. Là y m'a dit : « C'est de la ben grosse argent. Je pourrai pas te payer ça drette de même. Je vas peut-être vendre un cheval mais j'en aurai pas assez. Les années sont pus ben bonnes. C'est pas comme avant. » Là le gros problème c'était de faire un papier. Phydime a parlé d'aller chez le notaire à Saint-Jacques. Mais c'était loin pis c'était pas gratis. On a décidé de faire ça entre amis. C'est pas pour me vanter mais même si je suis pas allé à l'école longtemps, j'ai toujours eu une assez belle main d'écriture. Je me suis installé sur la table de la cuisine pis j'ai écrit : « Euchariste-à-Noré Moisan vend à Phydime-à-Charles Raymond le bois d'érable d'amont la côte au bout de sa terre, pour cinquante piastres, à payer dans l'année.» On a relu tous les deux comme il faut, pis on l'a fait lire à Phonsine aussi, pour être ben sûrs de notre affaire, parce qu'un papier signé, on peut jamais se défaire de ça. Phydime a plié le papier pis il l'a mis dans sa poche en disant : «Je t'apporterai dix piasses pour commencer dimanche après la grand-messe.» J'y ai dit que c'était correct.

En fait ce que je voulais pas que Phydime sache, c'est que j'étais pour aller chez le notaire de toute façon. Ça c'était le plus grand secret de ma vie. Avant de mourir mon oncle Éphrem avait laissé mille trois cent cinquante piastres chez le notaire à Saint-Jacques. C'est moi qui en avais hérité. Ça on en parlait jamais Phonsine pis moi. On gardait cet argent-là, en cas. Le notaire l'avait placé à du cinq pour cent payable deux fois par année.

À l'automne, Phydime est venu régler le restant de sa dette. Il m'a compté quatre-vingts beaux écus en argent sur le coin de la table. Phonsine les a mis dans sa bourse tricotée qu'elle a cachée en dessous des draps dans la grande armoire à linge de la chambre à coucher. Cette année-là en plus, les récoltes ont été abondantes comme on avait jamais vu. Pis du côté de l'Europe, il y a eu des sécheresses épouvantables. On a lu ça dans la gazette, les terres le long de la Volga étaient toutes brûlées par le soleil pis le monde mouraient de faim. Ça fait que les prix du blé pis de l'avoine ont monté sans bon sens. À l'automne je suis allé porter quatre cent vingt-cinq écus au notaire de Saint-Jacques.

DEUXIÈME PARTIE
ÉTÉ

Les années ont passé, on a eu des moissons riches, des moissons pauvres. Plus de riches que de pauvres quand même. On a eu des tempêtes. Une fois le toit de la vieille grange a été arraché. On a eu des gels hâtifs, c'est arrivé qu'on perde des fruits. La rivière a débordé une année, on a été inondés, mais ç'a été bon pour la terre. Ma tante Mélie s'est laissée mourir.

Vers la fin elle avait la tête un peu partie. Elle restait assis au fond de sa chaise au coin du poêle, pis elle bougonnait toute la journée. Elle faisait comme un gros chat qui aurait jamais arrêté de ronronner. Un matin on a envoyé Oguinase la réveiller. Il est redescendu en disant qu'elle dormait trop dur. Elle était partie.

Après Oguinase pis Étienne, on a eu Éphrem, pis une petite fille qu'on a eu à peine le temps d'ondoyer, pis Malvina, pis deux autres qui sont morts à quelques mois, pis après ça Lucinda. Oguinase est allé à l'école du rang, pis il a emmené son petit frère Étienne par la main. Pis la chaîne s'est allongée avec Éphrem pis Malvina avec ses deux petites couettes brunes attachées en anse de panier.

Un beau jour après la grand-messe, monsieur le curé m'a fait venir dans son grand bureau au presbytère. Là il m'a dit en parlant d'Oguinase : « Ton plus vieux, Chariss, que c'est que tu vas en faire ? » Je savais pas quoi répondre. Il a continué en disant : « La maîtresse trouve qu'il travaille ben à l'école. Tu m'as pas dit une fois que tu voulais un prêtre dans ta famille, toi Chariss ? » J'ai pas répondu. « Avoir un prêtre dans sa famille, c'est pas faire un cadeau au Bon Dieu tu sais, c'est recevoir du Bon Dieu le plus grand honneur. Un honneur qu'on peut pas refuser. J'ai connu un homme moi qui a pas voulu que son garçon fasse un prêtre quand le Bon Dieu l'appelait. Sais-tu ce qui est arrivé ? Cet homme-là a été puni. Trois mois après, son garçon est tombé dans un moulin à battre, il s'est fait écharper devant son propre père. Penses-y comme il faut à ça. Et pis sais-tu ce qui me fait le plus de peine à moi, Chariss ? On a pas un seul enfant de la paroisse au séminaire. Inquiète-toi pas que Monseigneur Bastien me l'a fait remarquer à sa dernière visite. On en a pas eu un depuis Émilien Picard, qui est vicaire astheure à Saint-Bernard-du-Saut. On dirait que le monde icitte veulent pas donner leur dû au Bon Dieu. C'est pas tout de donner la dîme en argent, tu sais, faut payer la dîme de ses enfants aussi. »

Moi ce qui me faisait le plus peur, c'est d'être obligé de payer sept, huit ans de collège classique. C'était une dépense épouvantable, sans compter que je perdais mon plus vieux qui commençait à peine à me donner un coup de main sur la terre. Mais là le curé a dit que même s'il avait pas d'argent comme tel, il s'arrangerait pour payer la moitié de ce que ça me coûterait, tant qu'il avait honte de pas voir d'enfants de la paroisse avoir la vocation. Ça s'est réglé comme ça, il a inscrit Oguinase au séminaire de Trois-Rivières.

Si ç'avait été juste de Phonsine il serait jamais parti. Elle trouvait qu'il était ben trop jeune pour s'en aller. Elle savait qu'elle était pour s'ennuyer sans bon sens. Je suis allé le mener au commencement du mois de septembre. Ce matin-là j'ai fait le train à la noirceur, j'ai attelé le buggy, j'ai attaché le coffre d'Oguinase en arrière, Phonsine est sortie nous apporter un panier avec des crêpes froides saupoudrées de sucre d'érable, du pain pis du lard salé. Je me suis retourné quand on a été rendus à la croix du chemin : Phonsine avait pris Étienne dans ses bras. Elle avait de la misère à s'essuyer les yeux avec le bas de son tablier.

On est arrivés à Trois-Rivières vers la fin de l'après-midi. Moi j'étais allé là juste une fois dans ma vie avec mon oncle Éphrem. Je cherchais la maison de mon cousin Édouard Moisan. Il y avait tellement de rues, tellement de commerces, tellement de monde, je me suis perdu. On a été obligés de demander notre chemin. Sur le coup mon cousin a pas eu l'air ben content de nous voir, mais quand j'y ai expliqué que je repartais le lendemain matin, là il est redevenu ben de bonne humeur. Je pense qu'il avait peur qu'on s'installe là pour une semaine ou deux. Ça a l'air qu'il y a ben du monde de la campagne qui font ça avec leur parenté de la ville. De bonne heure le lendemain on est allés au séminaire. La cour était pleine de jeunes en soutane. Il y avait un cheval attaché à un palan qui montait les coffres pis les valises jusqu'au dortoir du quatrième étage. Le père directeur est venu nous dire un mot. Pis là j'ai dit à Oguinase : « Envoye-nous une lettre de temps en temps, ça va faire plaisir à ta mère.» S'il m'avait répondu : «Je veux pas rester icitte. Ramène-moi sur la terre. Ramène-moi chez nous!» Viarge! on serait revenus au grand galop! Mais il a pas dit un mot. Fait que j'ai mis ma main sur son épaule pis j'y ai dit : «Bon ben, bonjour mon gars.» Pis je l'ai laissé là.

En rentrant à la maison, je me suis arrêté chez le notaire prendre un peu d'argent, pis je me suis acheté un coq avec une demi-douzaine de poules. C'était un autre de mes idées ça. C'est bien beau le foin pis le grain, mais le monde des villes, ils aiment ça avoir des œufs frais pis des beaux chapons gras. J'allais leur en fournir moi. J'ai toujours été pour le progrès. C'est moi qui avais convaincu mon oncle Éphrem d'acheter une faucheuse. Lui il coupait encore son blé à la faucille.

Oguinase une fois parti, avec la terre, le troupeau pis là en plus le poulailler, j'en avais trop pour mes capacités. Un midi je suis revenu du clos, il y avait un étranger assis à la table de la cuisine. Phonsine y avait fait une place. Un gars solide avec les épaules basses. Il était pas rasé, il avait une petite barbe. Ça y donnait un air particulier. Il m'a dit : «Je suis paysan. Je cherche du travail.» Je l'ai fait répéter, j'avais rien compris. C'était un Français. Comment est-ce qu'il était abouti chez nous, je le sais pas. Toutes les autres familles du rang avaient eu peur de lui, Phydime Raymond avait même sorti son fusil, maudit niaiseux. Moi je l'ai engagé drette là. Tout de suite après dîner il est monté aux champs avec moi. Il était ben vaillant à l'ouvrage pis pas exigeant de salaire. Il s'appelait Albert Chabrol. Phonsine y a fait une place dans le grenier. Le soir, des fois, il prenait Éphrem sur ses genoux pis il y contait des histoires d'Asie pis d'Afrique, avec des Chinois pis des nègres dans des îles au loin. Phonsine pis moi on l'écoutait. Je peux pas dire qu'on comprenait tout', mais moi je me doutais bien que c'étaient des parties de sa vie qu'il racontait. Il y a juste une chose par exemple : il allait pas à la messe le dimanche. Il a jamais mis les pieds à l'église. Le soir, il répondait pas aux prières non plus, mais il était poli, il se mettait à genoux comme tout le monde. En fait Phonsine pis moi ça nous donnait la chance d'aller à la grand-messe ensemble, lui il gardait les enfants. Un soir Éphrem y a demandé : «Tu t'ennuies pas des fois de chez vous?» Il a répondu que ça faisait tellement longtemps qu'il avait pas revu son village qu'il s'en souvenait quasiment plus, pis là il a rajouté : «Tu vois, je suis de nulle part.» J'ai trouvé ça assez triste ! Pas avoir de terre, de village, pas avoir de place ! Pis là Éphrem y a dit : «Tu dois trouver ça ennuyant icitte, il se passe jamais rien.» Il y a répondu qu'ailleurs non plus il se passait jamais rien. Comme il y a expliqué, au commencement le monde ont l'air différents, ils sont habillés autrement, ils parlent d'une autre façon, leurs maisons sont bâties d'une autre manière, mais si tu restes un peu tu te rends compte que c'est pas mal partout la même vie.

Les années ont passé. On a eu une autre petite fille, Orpha, pis ensuite, non je me trompe, pour commencer on a eu un autre petit gars, Napoléon, pis ensuite Orpha. Pendant l'été, Oguinase revenait du séminaire nous donner un coup de main. Mais on sentait qu'il s'éloignait de nous autres année après année. Au commencement j'y posais des questions sur ses études, le grec, le latin, l'arithmétique. Mais après quelque temps j'ai plus été capable de suivre. À chaque fois au début des vacances on allait rendre visite à monsieur le curé, pis je me sentais de moins en moins dans mon élément. Étienne pis

Éphrem eux autres ont arrêté d'aller à l'école pour venir travailler avec Albert pis moi. Je sais ben qu'on est pas supposés avoir des favoris parmi nos enfants, mais j'aimais ben Éphrem, il était habile, il était ingénieux avec la machinerie, pis dans les soirées il était drôle comme un singe.

On a eu des ben bonnes années. Le monde au village ont commencé à dire : «Chariss Moisan, c'est pas un quêteux.» Pis je leur disais : «C'est vrai! Je dois pas une coppe à personne!» Mais c'était pas de même pour tout le monde. Tous les ans il y avait quelqu'un qui partait pour la Nouvelle-Angleterre. Des fois c'étaient des familles au grand complet. Ils s'en allaient travailler dans les moulins de coton. C'était ben difficile de faire autrement : il naissait douze, quinze enfants par famille. La terre allait au plus vieux des garçons, fallait que les autres s'en aillent essayer de gagner leur vie quelque part. Il y en a qui réussissaient à se trouver quelque chose au village, d'autres étaient obligés d'aller en ville, des fois jusqu'à Montréal. Il y en a qui montaient dans le nord, défricher des terres de misère en Abitibi ou ben dans le Lac-Saint-Jean. Après quatre cinq ans il y en a qui revenaient quasiment défuntisés tellement que la vie était dure dans ces places-là. Tandis qu'aux États-Unis c'était trois piastres par jour en commençant, hiver comme été. Moi j'espérais pouvoir garder mes garçons le plus longtemps possible. Je pensais même acheter une autre terre, mais j'étais pas sûr. Étienne, le plus vieux, était ben fiable mais je commençais à avoir du trouble avec Éphrem.

Le soir après souper, il y avait pas moyen de le garder à la maison. Il était toujours rendu chez la veuve Auger. Il se tenait avec Ti-Jos Authier pis le Rouge Mercure, deux bums. Des fois il revenait à la maison en boisson. J'ai même entendu dire qu'il avait été vu dans le rang des pommes, là où c'est qu'il y avait une maison avec des filles à tout le monde. Un soir il est arrivé la face en sang, il s'était battu. Là je me suis fâché. Il m'a tenu tête. Il était rendu aussi fort que moi. J'ai quasiment eu peur. Dans le fond j'haïssais pas ça que ça soit un *tough*, mais je me doutais ben qu'il nous mijotait quelque chose.

Phonsine, elle avait pas eu d'enfant depuis quatre ans. Elle en avait eu douze en vingt ans, on en avait sept encore en vie, on pensait ben que c'était fini. Pis là tout d'un coup elle est repartie pour la famille encore une fois. Mais là c'était plus pareil. Elle avait toujours été ben d'allant, ben travaillante, mais on aurait dit qu'elle était plus capable. Elle était tout le temps fatiguée, elle avait mal dans les reins. Elle était rendue qu'elle avait peur d'avoir des jumeaux. Un midi, en s'asseyant pour manger, les châssis étaient ouverts, il y a une hirondelle qui est rentrée dans la cuisine. Phonsine a gelé raide. L'hirondelle est ressortie tout de suite, mais Phonsine s'est sentie mal : «Chariss, faut dire un chapelet au plus vite ! Un oiseau dans la maison, tu le sais, c'est le signe de la mort !» On s'est tous mis à genoux, même Albert qui croyait pas à ces affaires-là. Après ça, tout a commencé à mal aller. A fallu faire venir le docteur. Il a obligé Phonsine à rester couchée. Les petites filles ont été forcées de se débrouiller avec la maison, le jardin pis le poulailler. Pis tout d'un coup ça s'est passé tellement vite qu'on a même pas eu le temps de faire revenir Oguinase du collège. Le temps de m'en rendre compte, je me suis retrouvé debout au pied du lit. Ma Phonsine était morte. Malvina avait un petit bébé dans les bras. On a exposé le corps dans notre chambre. Je suis allé coucher en haut. Toute la parenté est venue, tout le voisinage. Ça a duré trois jours. Heureusement c'est tombé entre les semailles pis les foins, on était pas trop occupés. Après ça, tous les dimanches, j'ai mis ma cravate noire. C'est Malvina qui a pris charge de la maison, elle avait quatorze ans. Sa sœur Lucinda y donnait un coup de main, elle a s'en allait sur onze. On a appelé le bébé Marie-Louise.

Ces années-là il y a eu un gros changement qui s'est passé : on a commencé à voir arriver des automobiles. Au commencement c'était juste une de temps en temps. Quand ils écrasaient une poule, ils débarquaient pis ils payaient les dommages. Quand il pleuvait ils se pognaient dans la bouette, on était obligés d'atteler pour les déprendre avec nos chevaux. D'année en année il y en a eu toujours plus, pis ils allaient toujours plus vite. Juste dans le rang chez nous, il y a deux chiens qui se sont fait écraser. On a été obligés de tout clôturer. Mais je me plaignais pas, les récoltes se vendaient bien, le poulailler rendait, tous les ans je faisais mon petit voyage chez le notaire avec des écus pis des piasses. J'ai été élu commissaire d'école, ç'a été un bel honneur. On a perdu Malvina par exemple, elle est rentrée en religion chez les Franciscaines. Quand Oguinase venait passer l'été, ils étaient ben souvent ensemble, pour moi c'est lui qui l'a entraînée. C'est égal, Lucinda était assez grande pour prendre sa place.

Un été on a reçu une lettre des États-Unis! Ç'a été tout un événement. C'était d'un de mes cousins, Alphée Larivière, mais il signait Walter Larivière. Il disait qu'il allait venir faire un tour chez nous avec son char. Un soir on était tous couchés, ça frappe à la porte : c'était lui!

Avec sa femme, Grace, pis son petit gars Billy dans un gros char américain. Lucinda a organisé comme un réveillon pis on s'est assis tout' ensemble. Ça faisait pas cinq minutes qu'on était installés, sa femme y a dit quelque chose en anglais, pis ils sont partis à rire tous les deux. J'ai pas aimé ça, j'ai eu comme l'impression qu'ils riaient de nous autres. Sa femme, elle parlait pas français. C'était une grande rousse, quasiment trop maigre, avec des taches de son dans le visage pis des grands yeux gris toujours dans l'eau. Elle avait une blouse en coton décolletée, quand elle se penchait par en avant elle cachait pas grand-chose. Éphrem est venu tout de suite s'asseoir à côté d'elle. Il la regardait avec les yeux dans la graisse de bines. Pis elle, on aurait dit qu'elle l'encourageait. Alphée, lui, ça avait pas l'air à le déranger. Il m'a dit : « Ma grande fille Lily a pas pu venir : elle est ouiveuse à la factrie.» Là j'y ai demandé, j'ai dit : «T'as juste deux enfants? Ta femme est-tu malade?» Il est parti à rire pis il m'a dit : «On trouvait que deux c'était assez, on a mis les *brakes*.» Je me doutais ben de quoi il était question. Mais j'étais gêné qu'il dise ça devant les enfants. Monsieur le curé nous en avait parlé une fois à la retraite des hommes. Il nous avait ben avertis que c'étaient des péchés mortels. Pour changer de sujet j'y ai demandé : «Mais ton nom de chrétien, toi là, c'est quoi astheure?» Il m'a répondu : «Alphée, les Américains sont pas capables de prononcer ça, fait que j'ai changé pour Walter. Et pis Larivière, ça se dit pas non plus en anglais. En anglais, «rivière» c'est *river*. Fait que j'ai pris Rivers. Walter Rivers. Ça veut dire la même chose, il y a pas de différence. La plupart des Canadiens font ça, Bourdeau, Borden. Notre voisin, c'est un Lacroix, il s'appelle Cross.» Ils devaient rester deux semaines, ils sont partis après cinq jours. Ils avaient l'air de s'ennuyer. Le dernier matin Éphrem est allé prendre une grande marche avec eux autres sur la route.

Après ça Étienne, mon plus vieux, s'est marié, avec une Lamy de Notre-Dame-des-Sept-Douleurs. On a fait la noce à la maison, sans dépenses exagérées, mais il y avait quand même ben du monde. À un moment donné je suis sorti prendre l'air pis j'ai surpris ma Lucinda en train de se faire serrer par un des gars du voisinage. J'avais entendu des rumeurs que j'avais pas crues, pour moi Lucinda c'était toujours une enfant.

Pis là tout d'un coup on a lu dans la gazette qu'il y allait avoir une guerre dans les vieux pays. Pour nous autres c'était une bonne nouvelle, le foin est tout de suite monté à quinze piasses à Montréal, pis l'avoine à une piasse trente-cinq le minot. Un soir Albert lisait le journal, il s'est levé ben droit pis il est sorti dehors. Ça disait dans le journal que les Allemands envahissaient la France, ça disait aussi que le foin était rendu à dix-huit piasses et vingt-deux. Quand Albert est revenu, il m'a dit : «Monsieur Moisan, il faut que je parte.» J'y ai répondu : «Comme tu voudras, Albert, c'est toi qui le sais.» Il voulait aller défendre son pays. Le lendemain matin on s'est donné la main, on se doutait ben qu'on se reverrait jamais. Il était resté onze ans chez nous.

Aussitôt qu'Albert a été parti, monsieur le curé m'a proposé pour le poste de marguillier. J'ai été élu sans opposition. C'est sûr que d'avoir à la maison quelqu'un qui allait pas à la messe, ça m'avait toujours nui. Comme marguillier là j'étais assis dans le banc d'œuvre au milieu de l'église, le beau banc capitonné. Après les offices je sortais fumer sur le perron. Tout le monde me saluait. Tout le monde me portait respect. Mais le plus beau jour ç'a été quand Oguinase, qui venait d'être ordonné, a été invité à chanter la grand-messe. Monsieur l'abbé Moisan! L'église était remplie à craquer. Là j'ai eu les larmes aux yeux. Mon rêve moi pour Oguinase, c'était de le voir curé à Saint-Jacques, la plus grosse cure du diocèse. Mais il était encore loin de là: ils l'avaient envoyé à Saint-Isidore dans les concessions, une place de pauvres. À chaque fois que je le voyais, me semblait qu'il maigrissait. Il avait la face tirée pis il toussait tout le temps. J'y ai dit: «Change de ménagère! Fais-toi faire de la soupe aux pois pis des crêpes au lard. Pis arrête de te lever la nuit!» Mais comme il m'a expliqué: un prêtre peut pas refuser les sacrements aux malades, même la nuit.

Une autre année Éphrem s'est mis dans la tête de me faire acheter un tracteur. Là j'y ai dit: «Écoute-moi ben: j'ai toujours été pour le progrès, c'est moi qui a eu la première centrifugeuse, mais un tracteur à gaz je suis pas sûr, j'aurais peur d'épuiser la terre. » Comme de raison il a ri de moi, mais c'est égal, j'avais fini par en faire un bon travaillant. Pitou lui, on a toujours appelé Napoléon «Pitou», son passe-temps depuis qu'il était tout petit c'était de gosser du bois. Il était ben habile, fait qu'il s'est engagé comme apprenti chez Barnabé Boisclair, le menuisier. Pis là Orpha a commencé à dire qu'elle avait envie de rejoindre Malvina chez les Franciscaines. Deux sœurs pis un prêtre, je me disais que le Bon Dieu aurait pas à se plaindre pis qu'il serait peut-être généreux avec nous autres. C'est sûr que c'était pas autant que les Racicot de Labernadie qui avaient deux prêtres, dont un missionnaire en Chine, pis quatre sœurs. Mais quand même on avait fait notre effort. Faut dire que les affaires marchaient ben. Deux fois par semaine j'allais porter des caisses d'œufs à la gare des gros chars. Pendant la guerre tout se vendait quasiment aux prix qu'on voulait : le foin, le grain, les œufs, la crème, les légumes. J'ai même vendu un vieux cheval fini à l'agent du gouvernement. Ç'a été un de mes bons coups ça.

Il y avait tellement d'argent qui rentrait que la Banque Nationale est venue ouvrir une succursale au village. Dans ce temps-là moi je me méfiais des banques. Ils ont des gérants, des commis, des inspecteurs, à des places ils ont même engagé des femmes, ça aurait fait ben du monde au courant de mes affaires. Le notaire Boulet, lui, j'étais toujours tout seul avec lui dans son bureau, il marquait les chiffres dans son grand livre, il mettait mon argent dans le *safe*, pis après ça il le prêtait à son nom. Ni vu ni connu. J'aimais ça de même moi.

TROISIÈME PARTIE

AUTOMNE

Pendant ce temps-là Lucinda avait grandi avec un air tellement effronté, je me suis toujours demandé de qui est-ce qu'elle tenait ça. En tout cas, pas de sa mère ni de ses sœurs. Oguinase avait voulu y parler des Franciscaines, il s'était fait revirer net sec. Elle est allée s'engager à Trois-Rivières chez le vieux docteur Demers, le frère de notre ancien curé. Ça a pas duré six mois, elle est rentrée au moulin de coton. Elle faisait douze piastres par semaine. C'est plus d'argent qu'elle en avait jamais vu. Quand elle revenait à la maison des fois c'est elle qui me prêtait de l'argent. Mais j'y signais toujours un billet de reconnaissance par exemple. Elle ramenait tout le temps des fanfreluches pour Orpha. Elle menait un assez gros train de vie. Un dimanche Oguinase avait été invité à chanter la grand-messe, pis après il était venu manger à la maison, Lucinda arrive dans le char d'un gars de la ville, un espèce de monsieur avec une cravate pis des gants en cuir pâle. Elle rentre dans la cuisine avec une robe d'été décolletée pas de manches. Oguinase se lève d'un seul coup pis il y dit : «T'as pas honte de te montrer quasiment toute nue devant ta famille, devant moi, un prêtre ?!» Elle le regarde drette dans les yeux pis elle répond : «Si je te fatigue, t'as rien qu'à pas me regarder.» On est restés tellement bêtes, personne a rien dit. Oguinase est venu blanc comme un drap, il a pris son chapeau pis son sac pis il est parti à pied sur la route vers le village. Après ça ni lui ni elle sont jamais revenus à la maison.

De temps en temps j'emmenais un des enfants à Saint-Isidore voir Oguinase. Son affaire s'améliorait pas. Il restait dans un beau presbytère en briques mais il était encore pris avec une petite chapelle en bois. Il avait beau essayer de faire honte à ses paroissiens tous les dimanches pour faire construire une grande église en pierres, le monde par là-bas avait pas assez d'argent. Son vieux curé était rendu fou : il mangeait plus juste des carottes pis des navets bouillis, pis le vendredi il mangeait pas pantoute ; il s'imaginait que c'était bon pour la santé. Oguinase était rendu maigre comme un squelette pis il toussait tout le temps. On avait jamais plus de nouvelles de Lucinda. On avait entendu dire qu'elle était peut-être partie pour Montréal.

La guerre a été ben bonne pour nous autres. Le foin est monté jusqu'à vingt-deux piastres. Il y a eu des rumeurs de conscription qui ont commencé à courir. Nous autres ça nous inquiétait pas trop : même en cas de guerre ça prend du monde sur les terres. Il y a eu des volontaires par exemple : Tit-Noir Corriveau, des Corriveau de Labernadie, mais lui il avait déjà fait la guerre de Cuba avec les Américains, il avait même été en Afrique avec les Français dans leur Légion étrangère. Un des Mercure s'est engagé, il est revenu dans le rang une couple de fois, faire le jars devant les filles avec son uniforme. Pis on a entendu dire que les Authier de Saint-Stanislas-de-Kostka ont eu un garçon tué là-bas. On en a pas connu d'autres. À un moment donné le gouvernement a distribué des cartes que les hommes en âge étaient supposés remplir. On a pas pris de chance : personne a répondu.

Un jour on était en train de battre du foin dans la grange, il arrive deux monsieurs de la ville. Ils parlaient avec un accent. Ils cherchaient Phydime Raymond. On leur a dit que c'était le voisin. On a pas pensé plus loin que ça. C'est après ça qu'Éphrem m'a annoncé qu'il voulait s'en aller aux États-Unis, notre cousin y avait trouvé une place dans un des moulins à Lowell. J'ai tout fait pour essayer de le retenir. J'y ai offert d'acheter la terre des Picard pour lui. Il a pas voulu, son idée était faite : il voulait s'en aller. C'était rendu qu'il haïssait la terre, il haïssait le rang, il haïssait tout'. Il m'a fait ben de la peine. C'est égal, avant qu'il parte je suis passé chez le notaire chercher un peu d'argent pour y donner. C'est là que j'ai appris la nouvelle. La câlisse de nouvelle : il y a une compagnie de peinture de Montréal qui venait d'acheter tout le haut de la terre de Phydime Raymond avec le bout que j'y avais vendu. Dans cette maudite terre rouge là, les prospecteurs avaient trouvé des pigments. C'est comme ça qu'ils ont appelé ça : des pigments, pour faire de la peinture. De la peinture rouge. Ils ont payé huit cents piastres pour le coteau, mon coteau ! Je l'avais vendu cinquante, bout de ciarge ! Maudit verrat de Phydime Raymond ! Maudit visage à deux faces ! Je me demande ce qu'il a fait au bon Dieu pour avoir une chance de même ce baptême-là. J'avais pourtant un prêtre dans ma famille pis deux sœurs! C'était pas assez? C'est là que je me suis rendu compte que j'étais né pour la malchance! À croire qu'il y avait un sort sur moi. Chrysostome, si j'avais pas eu Oguinase je me serais débaptisé, sacrament!

J'ai pas eu le courage de reconduire Éphrem au train. C'est Étienne qui est allé. J'avais perdu Phonsine, pis Oguinase, pis Albert, pis Malvina, pis Lucinda, pis finalement Éphrem. J'étais assis tout seul au bout de la table avec Orpha pis Marie-Louise. Pitou était pas là souvent. Fait qu'Étienne est venu s'installer chez nous avec sa famille. Au moins ça faisait du monde. Il avait déjà quatre enfants. Sa femme Exilda a pris charge de la maison, Orpha s'est occupé des enfants. Mais l'affaire de Phydime Raymond me rongeait. Quand on se rencontrait, j'étais même plus capable de le saluer, pis lui il avait toujours un espèce de petit sourire fendant, maudite face de rat. Quand il était dans son champ pis moi dans le mien, j'y tournais le dos, tellement que ça me rendait malade. Je me rendais compte que quand il était venu m'acheter mon coteau pour cinquante piastres, il le savait déjà ce qu'il y avait dans cette terre-là. Il m'avait fourré, l'enfant de chienne, pis il le savait pis là il était fier de lui. Ils ont construit une route le long de sa clôture pis les camions ont commencé à faire des voyages pour charroyer la terre jusqu'à la gare. La terre de mon coteau. Huit cents piastres! C'est mon butin qui s'en allait à pleins chariots, à pleins wagons. Je pouvais pas laisser faire ça.

Sur les entrefaites on a reçu une lettre pour nous dire qu'Oguinase était rendu à l'hôpital. J'ai attelé pis je suis parti pour Trois-Rivières. C'était plus comme avant pantoute, le chemin était tout en macadam, mon cheval avait mal aux sabots, les autos rasaient de nous frapper. En arrivant en ville, il y avait des montagnes de bois, des montagnes de pitounes le long de la rivière, pour les moulins à papier. Pis il y avait une senteur écœurante qui sortait de ces moulins-là. Je me suis demandé comment est-ce que le monde faisait pour endurer ça. Je retrouvais pas la maison de mon cousin Édouard. Le premier gars à qui j'ai demandé mon chemin, il parlait même pas français. Édouard avait déménagé dans un nouveau quartier, j'ai fini par le retrouver. Il m'a donné le nom d'un avocat, maître Bouchard, un client de l'épicerie où est-ce qu'il travaillait. Le lendemain matin je suis allé à son bureau, j'ai été reçu par une femme, je voulais être poli, j'y ai demandé si elle était madame Bouchard, elle est partie à rire. C'était la sténographe. J'ai expliqué à l'avocat que je voulais poursuivre Phydime Raymond, il m'a encouragé, il m'a dit que mon affaire était excellente pis qu'il s'en occuperait aussitôt qu'il aurait fini de plaider deux gros procès contre des grandes compagnies. Je me suis senti en confiance.

Mais quand j'ai retrouvé Oguinase à l'Hôtel-Dieu j'ai eu peur : il avait l'air d'avoir soixante-dix ans. Il avait plus formance de monde. Les docteurs y avaient dit qu'il était attaqué des poumons pis ça risquait de revirer en consomption. Je me suis assis à côté de son lit pis là j'ai réalisé que j'allais perdre mon plus vieux. J'y ai parlé de la terre, de la maison, des voisins. Quand il toussait on aurait dit qu'on entendait ses poumons se déchirer. J'ai été soulagé quand il y a une sœur qui est venue me chercher en disant que l'aumônier voulait me voir. C'était pour me dire qu'il en avait pas pour plus que cinq, six semaines. Les docteurs s'étaient pas tellement trompés : il est mort un mois après. On a reçu son corps à la gare dans une boîte en bois avec mon nom pis mon adresse dessus. Pas mal tout le village est venu à l'enterrement.

Ça m'a donné un coup cette mort-là. J'avais perdu mon prêtre, mon orgueil. J'avais fait bien des sacrifices d'argent pour le faire instruire. Pis là je me retrouvais sur le même pied que ceux qui ont juste des sœurs dans la famille, ou ben quelque frère enseignant. Un prêtre c'est d'autre chose. Quand le monde me disait : «Comment va l'abbé Moisan, votre garçon ? », ils me portaient respect. Là j'étais redevenu ordinaire on aurait dit. Ça m'a fait vieillir. J'ai commencé à avoir mal partout. Je fatiguais plus vite aussi, il y a des fois si j'avais osé, j'aurais fait un somme après le dîner, en plein jour. Étienne s'est mis à mener la terre comme il voulait. Quand je suis revenu de Trois-Rivières il avait nettoyé la porcherie au complet, ça reluisait comme une cuisine. Il s'était mis dans la tête de refaire le plancher de la tasserie, de reconstruire le poulailler, il voulait acheter un taureau de race comme les Gélinas. Moi j'ai toujours été pour le progrès, je m'obstinais avec les vieux en faveur des moissonneuses-lieuses, des épandeuses, des semeuses. C'est moi dans le rang qui a été le premier à avoir une écrémeuse pis une presse à fourrage. Mais il y a une limite à vouloir tout chambarder. Les bâtiments ont pas besoin d'être plus beaux que les maisons ! Les planchers en béton dans les étables, moi je suis sûr que c'est pas bon pour les pattes des vaches. Pis les inspecteurs du gouvernement qui viennent checker nos animaux, on le sait nous autres s'ils sont malades ! Un tracteur ça coûte vingt fois le prix d'un cheval, ça travaille pas mieux. Le monde d'aujourd'hui savent plus comment dépenser leur argent, ils vont avoir l'air fins quand ils auront ruiné leurs terres.

Moi j'aime faire les choses comme je les ai toujours faites. C'est probablement un défaut mais je suis comme ça. C'est comme quand le vieux notaire Boulet est mort, il y en a ben qui ont retiré leur argent pour s'en aller à la banque. Mais moi j'avais toujours fait affaire avec un notaire, pis le nouveau qui est arrivé m'a proposé du sept pour cent au lieu de cinq. Il plaçait ça à Montréal chez un de ses frères qui était notaire lui aussi. En plus que c'est un homme qui communiait tous les dimanches, même qu'un automne il a été faire une retraite fermée chez les Rédemptoristes à Trois-Rivières. Quand j'ai retiré un assez gros montant pour envoyer à mon avocat, il a pas dit un mot.

J'ai été longtemps sans avoir de nouvelles de mon procès, pis tout d'un coup j'ai reçu une lettre pour m'annoncer que la cause était inscrite pour le jeudi suivant. Je suis redescendu à Trois-Rivières. Le palais de justice était bondé, j'aurais jamais pensé qu'il y aurait autant de monde. Je me suis senti ben dépaysé. Pis là, dans le corridor, j'ai vu Phydime Raymond qui avait l'air au-dessus de ses affaires. Il m'a regardé avec son petit air fendant, j'y aurais mis mon poing dans la face. Son avocat avait l'air d'avoir dix-huit ans. Le mien était autrement plus imposant. Finalement ils nous ont dit que l'audition était reportée deux semaines plus tard. Ils nous ont jamais expliqué pourquoi. J'ai été obligé de ratteler mon cheval pis de repartir pour chez nous. Le pire c'est que Phydime était en avant de moi, à chaque fois qu'il mettait une roue dans l'accotement, c'est moi qui mangeais sa poussière, baptême.

Deux semaines après il a fallu retourner en ville pour de bon. On a commencé par attendre trois heures, pis là j'ai été appelé à témoigner. Je me suis pas gêné. Je l'ai dit au juge quelle sorte d'enfant de chienne que c'était, Phydime Raymond. Mon avocat avait beau me faire signe d'arrêter, je m'étais pas rendu là pour me retenir. Plein de marde, charogne, trou de cul! Je me suis vidé le cœur. Phydime lui, maudit visage à deux faces, ç'a été le contraire : il avait un beau sourire! Il a dit qu'il avait toujours eu pour moi des sentiments chrétiens! Face de rat! Il leur fait accroire qu'il m'avait acheté mon coteau de bonne foi il y avait vingt-huit ans, pis que d'après lui c'était la providence qui l'avait favorisé. Verrat de crosseur, s'il y avait pas eu deux polices à côté de la porte j'aurais sauté dessus pis je l'aurais rachevé à coups de pied.

Je suis retourné chez nous pis j'ai attendu, jour après jour, semaine après semaine. L'été a passé, on a marié Orpha. Un beau mariage, une grosse noce, pour montrer à tout le monde qu'Euchariste Moisan, il en avait de collé. On était en train de finir d'engranger le foin, Marie-Louise est revenue du bureau de poste avec une lettre pour moi. Je l'ai décachetée. J'avais perdu. Phydime avait tout gagné. C'était écrit : débouté avec dépens. Il fallait que je paye l'avocat de Phydime en plus. Ça c'était le bout de la marde. Mon avocat avait rajouté son compte : cinq cent soixante-quatorze piastres! Payables avant trente jours. J'avais de la misère à respirer.

J'avais envie de vomir. On aurait dit que les tempes allaient m'éclater. Je me suis retourné pis je l'ai vu, Phydime, devant sa maison. Il y a une voiture qui s'était arrêtée pour y parler. Me semble que je l'ai vu faire un signe vers chez nous. Il avait l'air de bonne humeur. Là j'ai réalisé qu'il rirait de moi sur le perron de l'église tous les dimanches de l'année! Maudit bâtard de ciboire! J'ai pas dit un mot à personne, j'ai décidé d'aller en appel. Je me suis dit que même s'il fallait que ma terre y passe, j'allais voir le bout de ça, calvaire! C'est pas vrai que j'allais faire rire de moi jusqu'à ma mort.

La guerre était finie, l'Europe avait faim. Le blé se vendait deux piastres le minot, le foin trente piastres la tonne. Il y en a qui ont même pas pris la peine d'engranger, ils ont vendu leur moisson sur le pied. Aussitôt qu'il a eu une offre Phydime a vendu lui aussi. Moi j'ai été plus fin que ça, j'ai dit à Étienne : « On engrange tout pis on attend, les prix vont remonter encore. » On a rempli la grange jusqu'au faîte. Il y avait tellement de foin, les solives arrondissaient. Tous les midis, tous les soirs, j'allais me promener dans la grange pis je me disais : « Ça, ça vaut de l'or. » Le printemps suivant je me suis réveillé un matin, il y avait une lueur rouge dans ma fenêtre. Je me suis dit en moi-même : « Le soleil se lève donc ben de bonne heure ! » C'était pas le soleil, la grange était en feu. La chaleur avait déjà fait fondre la neige tout autour. Les voisins sont arrivés pour nous aider à sortir les animaux, les voitures, la machinerie. On a réussi à protéger la maison pis les autres bâtiments. Il y avait plus rien à faire qu'à regarder : quand le toit s'est écrasé, ça a fait comme un feu d'artifice dans le ciel qui a éclairé jusqu'à la maison de Phydime Raymond. C'est là que je l'ai vu lui, tout habillé, accoté sur sa clôture, en train de rire de moi. Maudit Satan ! Un des petits Mercure était à côté de moi, j'y ai dit : « Regarde-le, Phydime Raymond, c'est lui qui est venu mettre le feu à ma grange, hostie de criminel. » Ils ont tous essayé de me faire taire. Ils disaient que j'avais pas de preuves. J'en avais pas besoin de preuves, je le savais.

J'ai passé trois jours à tourner en rond autour des ruines. Étienne avait dit à tout le village que j'avais l'habitude d'aller me promener dans la grange avec ma pipe allumée. Il en disait pas plus long mais tout le monde comprenait. Je suis allé avec lui chez le notaire chercher de l'argent pour reconstruire. Le notaire nous a conseillé d'emprunter à la paroisse à la place. Il a dit que mon argent était placé à sept pour cent pis que la paroisse prêtait à cinq. On gagnait deux pour cent. Étienne était pas sûr. Moi je trouvais que ça avait du bon sens. En revenant on s'est arrêtés au bureau de poste. Il y avait une lettre. J'avais perdu en appel. On peut pas se figurer le montant d'argent que ça allait me coûter. Étienne avait toujours été contre les procès, il s'est pas gêné : « On vend pas la récolte, on brûle la grange, pis on gaspille le reste de notre argent sur des avocats. On a l'air fins, Jésus-Christ ! On va se réveiller avec plus de terre, plus rien, vendus par le shérif ! C'est ça qui va nous arriver ! » J'étais mal placé pour répondre. Il a proposé que je me donne à lui, que j'y laisse tout', la terre, le troupeau, la maison, les bâtiments, l'argent chez le notaire, contre ça il allait me consentir deux cents piastres par année plus le bois de chauffage, le tabac, la viande, le beurre pis les pois. Je pouvais quasiment pas refuser.

Le monde changeait. Les distances c'étaient plus des lieues, c'étaient des milles. L'argent c'était jamais plus des écus, c'était des piastres pis des cennes. Il se passait pas un mois sans que j'apprenne que quelqu'un de mon âge venait de mourir. Pitou est parti pour Québec, essayer de gagner sa vie comme menuisier. Au village, le dimanche après-midi, les gars se sont mis à jouer au base-ball. Personne parlait un mot d'anglais mais ils criaient tous : *ball one, strike two, foul ball.* C'était rendu que tout le monde avait une automobile. Ça se promenait entre les villages. Moi je contais des histoires d'autrefois à mes petits-enfants : les cageux, la chasse-galerie, Jos Montferrand, pis Félix Poutré, le patriote qui s'était sauvé de la prison en se faisant passer pour fou. Je leur disais qu'à sept ans j'avais vu Louis-Joseph Papineau, que c'était ben de valeur qu'on ait perdu en 37. Je leur disais ça.

Étienne a emprunté à la paroisse. Il a fait reconstruire la grange, avec des fondations pis un plancher en béton. Il y a des inspecteurs du gouvernement qui sont venus voir nos vaches. Ils ont dit qu'elles étaient malades. Il a fallu les faire abattre. Avec la prime qu'ils nous ont payée Étienne a racheté un troupeau de Holstein, des grosses vaches noires et blanches. C'est égal, je m'ennuyais de mes petites vaches canadiennes. Il y avait plus rien de pareil. Je pouvais même plus aller me promener sur la terre, tout' ce que je voyais c'est Phydime Raymond qui trônait dans son champ pis les camions qui creusaient le coteau. Je me sentais perdu. J'étais comme un étranger chez nous. Un dimanche après-midi j'ai décidé d'aller déposer trente piastres chez le notaire. C'est de l'argent que j'avais reçu du grossiste pour mes œufs. Son auto était devant sa porte. Il m'a ouvert, il avait son chapeau sur la tête pis ses valises étaient dans le passage. Il m'a dit qu'il prenait le train, il avait pas le temps de me voir. J'y ai dit que je voulais pas garder cet argent-là avec moi. Il a dit qu'il allait me rendre service. J'y ai donné l'argent, il m'a signé un billet, je suis reparti aussi vite.

Le vendredi suivant il pleuvait. Étienne était parti au village chercher une pièce d'auto qui venait d'arriver au bureau de poste. J'étais dans le hangar en train de varloper une planche pour le quat'roues. Étienne arrive, il était blanc comme un drap. Il bégayait. Le notaire était parti. Il s'était sauvé avec tout' l'argent du village. Il avait disparu. Avec notre argent. On avait plus rien. Plus une cenne. J'ai vu comme un voile rouge. Je suis parti à courir sur la route, comme un fou. J'ai dû courir un bon bout. J'ai glissé dans une flaque d'eau. Ils m'ont retrouvé dans un fossé. J'étais couvert de bave.

QUATRIÈME PARTIE
HIVER

J'étais plus capable de faire face à mes voisins. Surtout Phydime Raymond. La déchéance était trop grande. Ils ont décidé de me faire faire un voyage. Aller voir Éphrem aux États-Unis. Pas trop longtemps. Deux mois à peu près. Le temps que nos malheurs soient un peu oubliés.

Je suis parti en plein hiver mais il tombait de la pluie verglaçante. Étienne est venu me mener à la gare. Les sabots du cheval avaient de la misère à tenir la route. Une fois installé dans le train, j'aurais voulu voir ma maison au loin mais j'ai pas pu : il y avait trop de glace dans les vitres. C'était la première fois de ma vie que j'allais à Montréal. En approchant de la ville il y avait comme une lueur rouge dans le ciel. Le train se trouvait à passer derrière les maisons. Des rangées pis des rangées de petites maisons sales, pleines de suie. Je me suis retrouvé dans une gare plus grande que la cathédrale de

Trois-Rivières. Mon train pour les États-Unis était trois heures après. J'avais faim comme le verrat. J'ai essayé de fumer pour me couper l'appétit mais ça a pas marché. A fallu que je sorte dehors. Il y avait ben du monde, ben du trafic, ben des affiches électriques. Je savais pas où aller, j'ai fini par trouver un petit comptoir. Ils m'ont servi de la soupe. Ça m'a coûté dix cennes. En sortant de là, je me suis rendu compte que je m'étais écarté : je retrouvais plus la gare. Je savais plus où est-ce que j'étais. La peur m'a pris, je me suis dit : je vas manquer mon train. J'ai essayé de demander mon chemin, personne me répondait, ils me prenaient pour un fou ou ben ils parlaient anglais.

Tout d'un coup j'ai entendu quelqu'un faire « tssst, tssst » derrière moi. Je me suis retourné. C'était une femme dans un châssis. Elle avait entrouvert ses persiennes. Elle me dit : « Bonsoir, veux-tu rentrer ? » J'y ai expliqué que je cherchais la station. Elle m'a dit : « C'est la bâtisse noire au coin de la rue, gros épais. » Comme de fait, la gare était juste là, je l'avais pas vue.

Le train est parti tard le soir. On a traversé le pont Victoria. J'essayais de m'endormir mais j'étais pas capable. Rendu aux lignes les inspecteurs de l'immigration ont checké mes papiers.

J'ai fini par cogner quelques clous, mais le train brassait trop, pis il y avait quatre gars qui jouaient aux cartes en criant pis en blasphémant. Le jour a commencé à lever, je regardais le paysage. Il y avait ben des fermes, comme chez nous, mais plus riches. Moi juste à voir l'étable je peux dire la valeur du troupeau pis combien qu'il rapporte. Je voyais ben que les cultivateurs icitte étaient pas à plaindre. Probablement pour ça qu'ils peinturent tous leurs bâtiments en couleur. Nous autres on s'est jamais bâdrés de ça. L'affaire qui m'a le plus surpris c'est la neige : ils en ont ben moins. On était encore au mois de janvier, pis ils étaient comme nous autres à la fin mars. À ben des places on voyait le foin. J'ai changé de train à Albany. De temps en temps au milieu des petites villes on voyait des grosses usines, avec des cheminées pis de la fumée noire. Tout d'un coup j'ai vu le panneau : « White Falls ». Je suis descendu en vitesse. Il y avait plein de monde sur le quai, mais là ça parlait tout' anglais. Je savais plus quoi faire. J'ai eu peur qu'Éphrem m'ait oublié. J'ai senti une main sur mon épaule, je me suis retourné.

Ça faisait dix ans qu'on s'était pas vus : j'ai eu de la misère à reconnaître mon propre garçon. C'était ben lui, Éphrem. Là on est montés dans son char. Un beau char bleu. Comme il m'a dit : «Tout le monde icitte ont un char.» On est passés sur la Main Street, il m'a montré City Hall, pis une affaire qui m'a ben surpris, la *public library*. Ça c'est un grand édifice rempli de livres. Ils ont ça icitte. Le monde vont emprunter des livres. J'avais jamais entendu parler de ça. Il m'a montré aussi la plus grosse maison de la ville, celle de Frank B. Somners. Ça c'est un homme, il a fait son argent dans le commerce de la boisson. Icitte, astheure, c'est la prohibition, c'est défendu de vendre de la boisson. Ça a l'air que lui il en vend pareil. Il s'est mis ben des fois millionnaire avec ça. Après ça on est passés devant des petites maisons avec des vignes partout dans leur jardin. C'est tout' des Italiens qui restent là : ils font leur vin eux autres mêmes. Finalement il m'a montré où est-ce qu'il travaille. C'est tellement gros, je le croyais pas. Le *plant* de la Sunshine Corporation. La plus grosse usine d'ampoules électriques au monde ! Au monde ! Quand ça marchait *full time*, il y avait dix mille personnes qui travaillaient là.

On est arrivés chez eux. Une petite maison comme les autres. J'ai regardé les murs du salon : c'étaient des portraits de monde pis de places que je connaissais pas. Sa femme est arrivée, Elsie, là je me suis rendu compte qu'elle parlait pas un mot de français. C'est une Irlandaise.

J'ai voulu l'embrasser, elle m'a donné la main. Ses garçons sont descendus d'en haut. Ils en ont rien que deux. Ils étaient habillés comme des enfants de riches. Eux autres non plus ils parlaient pas français. Le plus jeune a eu peur de moi. Ils sont partis pour l'école, Éphrem est allé travailler. Je me suis endormi dans un fauteuil pendant qu'Elsie passait la balayeuse électrique. À l'heure du dîner les enfants sont revenus manger. Ils parlaient en anglais avec leur mère à table. L'après-midi je suis sorti dehors regarder passer les autos. J'étais tellement fatigué, j'ai fini par m'endormir couché à terre sur le perron.

Le lendemain pis les jours d'après j'ai commencé à rôder un peu dans le quartier. Je faisais attention pour pas m'écarter. J'ai jamais entendu un mot de français. Le dimanche suivant Elsie est allée à la messe de bonne heure avec les garçons à l'église irlandaise, pis Éphrem

m'a emmené à la grand-messe à l'église
canadienne. On est passés à pied sur la
Main Street. Ben des beaux commerces.
Des bijouteries, des pharmacies, du beau
linge. Il y a un building de vingt-huit
étages. Sur le perron de l'église, là je
me suis senti chez nous. J'ai même ren-
contré une femme, Ange-Aimée Lafleur,
qui venait de Saint-Jacques-l'Ermite ! La
cousine de Jésus Lafleur, son père à elle
s'appelait Abondius, je le connaissais pas
mais j'en avais entendu parler souvent. J'ai
trouvé l'église ben riche. Des vitres en cou-
leurs partout. Des beaux bancs imitation
d'acajou. J'ai eu un peu de misère avec le
sermon par exemple : le curé a un accent,
je le comprenais pas trop. Quand est venu
le temps de la quête je voulais pas être de
reste, j'ai mis vingt-cinq cennes dans le pla-
teau, mais là je me suis rendu compte qu'il
y avait juste de l'argent de papier. Heureusement Éphrem m'a couvert tout de
suite avec une piastre. Après la messe on
a été invités chez un monsieur Dagenais.
Il a servi un petit verre de whisky blanc
aux hommes. On a parlé de notre pays. Il
y a ben des femmes qui s'en ennuyaient.
Mais il y a jamais grand monde qui retour-
naient. Des fois pour les vacances l'été, six
sept jours, mais rarement plus.

La messe du dimanche ça avait toujours été une routine pour moi, rendu icitte c'est devenu ben important. C'est là que je retrouvais tout' mon monde, je pouvais jaser, faire des farces, avoir des nouvelles de par chez nous. Je recevais des invitations aussi, pour aller faire un tour, chez l'un pis chez l'autre. Mais ils voulaient tous que je leur téléphone avant de passer. J'ai jamais réussi à m'habituer au téléphone. Je me sens obligé de crier, j'entends rien. Patrick, le plus jeune, il a rien que trois ans, pis il téléphone tout le temps à son autre grand-père, l'Irlandais. Ils perdent leur temps à jaser. C'est drôle hein, sur une terre on se comprend sans jamais se parler, pis en ville on se parle sans jamais se comprendre.

Après trois semaines il y a une lettre qui est arrivée du Canada. Le notaire était disparu pour de bon. Sa propre femme savait pas où est-ce qu'il était disparu. Elle était retournée vivre dans sa famille à Grand-Mère. Étienne avait pas encore été payé pour les œufs, ça fait qu'il m'envoyait pas l'argent de ma rente. Ça, ça voulait dire que je pouvais pas m'en retourner, j'avais pas d'argent pour payer mon ticket. En plus qu'il me disait qu'il aimerait autant que je reste icitte encore un boutte pour

sauver de l'argent pour payer la nouvelle
lieuse qu'il venait d'acheter. Finalement il
m'annonçait que Phydime Raymond avait
été élu commissaire d'école.

Un bandit. Il devait être fier de lui,
maudite face de rat !

De temps en temps Elsie me deman-
dait de garder les enfants. D'autres jours
je prenais une grande marche jusqu'au
bout de la rue Jefferson. C'est là que la
campagne commençait. J'avais trouvé un
petit bouquet d'arbres. J'allais me promener là beau temps, mauvais temps. Il y
avait un petit érable avec des branches à
hauteur d'homme. J'attendais qu'il y ait
personne autour, pis je prenais le bout
d'une branche dans mes doigts. Je sentais
l'écorce gonfler, le signal du printemps.
Autrefois je faisais la même chose chez
nous : à la fin de l'hiver je disais que
j'allais voir mes clôtures, mais en fait je
montais dans mes champs voir apparaître
les premières pousses à travers la neige.
J'ai toujours fait ça, toute ma vie.

J'avais toujours pas de nouvelles
d'Étienne. Pour me désennuyer j'ai décidé
de faire un petit jardin pour les enfants.
La cour était pleine de vieilles caisses
de bois pis de boîtes de conserve vides.
J'ai fait le ménage. J'avais pas de bêche,

j'ai pris une pelle à charbon, un râteau pis un vieux couteau de cuisine. J'ai semé des carottes, du persil pis des tomates. Au commencement les enfants ont eu l'air ben excités. Mais finalement ils ont jamais voulu sarcler. Et pis leur mère trouvait que ça salissait leur linge. On a abandonné ça.

J'ai jamais réussi à m'entendre avec ma bru. Elle a toujours eu l'air bête avec moi. Une fois je m'étais installé dans la cuisine pour y tenir compagnie pendant qu'elle faisait à manger, elle m'a fait signe d'aller fumer dehors.

À la fin mai on a reçu une autre lettre. Marie-Louise était malade, elle toussait tout le temps. Napoléon était revenu de Québec avec une femme pis deux enfants. Il avait pas réussi à gagner sa vie là-bas. Il y avait plus de place dans la maison pour loger tout ce monde-là. Pas un mot de ma rente. Pas un mot de mon argent.

Icitte non plus les affaires allaient pas trop ben. Éphrem a été slacké deux jours par semaine. Sa paye a été coupée. J'y ai demandé s'il y aurait pas moyen de me trouver de l'ouvrage. Il m'a dit qu'il allait parler à John Corrigan, le boss du Parti démocrate. Il a prétendu que c'était un de ses chums. Un jour je suis revenu de prendre une marche, monsieur Corrigan était à la maison avec Elsie. Il était en manches de chemise. Il m'avait trouvé une job de gardien de nuit au garage municipal. Le lundi suivant Éphrem est venu me reconduire. Il m'a présenté à mon boss, monsieur William Pratt. Je pensais des fois qu'il aurait pu être parent avec les Pratte de Saint-Alphonse, mais ça a l'air que non. J'arrive tous les soirs à six heures pis je repars à six heures du matin. Au début j'avais compris qu'on serait deux gardiens. Mais le deuxième c'est un Irlandais, il s'en va tous les soirs vers neuf heures pis il revient juste le lendemain matin une demi-heure avant que les employés arrivent. J'ai dit à Éphrem qu'il faudrait peut-être en parler à monsieur Corrigan, qu'il se faisait voler du temps. Il s'est choqué ben noir, il m'a dit qu'on était aux États, pis que ça, ça voulait dire : *mind your own business*, « mêle-toi de tes affaires ».

Au commencement j'avais ben peur de m'endormir pis de me faire surprendre par quelqu'un, peut-être même monsieur Corrigan. Mais il est jamais venu personne. Je passe mes nuits à fumer tranquille. Un soir en nettoyant le plancher j'ai trouvé un journal en français. Il est imprimé icitte mais il donne des nouvelles de chez nous. Moi la lecture j'ai jamais été fort là-dessus, mais ce journal-là je le lis page par page, ligne par ligne, mot par mot. Ça me prend une semaine. Tous les mardis je réussis à m'en trouver un dans une poubelle ou ben dans le fond d'un truck. C'est pas tellement pour la politique pis ces affaires-là. Moi ce que j'aime c'est lire les noms : Monsieur Osias Saint-Georges de Saint-Anthime, Monsieur et Madame Adélard Legendre de L'Enfant-Jésus-de-Bagot, Monseigneur Joseph-Alfred Langlois, évêque de Valleyfield.

Au commencement il y en avait qui s'arrêtaient jaser en prenant une marche après souper des fois. Mais quand l'automne est arrivé, il y a plus eu personne. Je suis pas mal tout le temps tout seul. J'arrive tous les soirs avec ma boîte à lunch, mon thermos de café. Je mange vers les minuit. Je rentre le matin pour me coucher. Mais je dors pas tellement. En vieillissant on dort moins.

Étienne m'a envoyé une autre lettre : il était ben découragé. La femme de Napoléon avait eu des jumeaux. Ils sont rendus six. Étienne voudrait ben qu'ils s'en retournent en ville profiter du secours direct pour ceux qui ont pas d'ouvrage. Les Touchette ont vendu leur terre parce qu'ils devaient un trop gros montant dessus. Pareil pour les Gélinas. Le foin de l'année passée est encore dans la grange, il arrive pas à le vendre. Les œufs sont descendus à treize cennes. Ça paye plus pantoute. Pis Marie-Louise y coûte une fortune en remèdes pis en docteurs.

Moi tous les vendredis, mon Irlandais me donne quinze piastres. J'en donne dix à Éphrem pour ma pension. Des fois il m'en emprunte une couple d'autres rendu au jeudi. Il me les remet jamais. Là il travaille plus juste deux jours par semaine, ils viennent encore de couper son salaire. Avec la crise, il y en a ben qui me trouvent chanceux d'avoir une job *steady*.

Mes petits-enfants m'appellent *the old man*, «le vieux». Au commencement ça me choquait, là ça me choque plus. Je sais ben que mes beaux jours sont passés. Je pense que ça me donnerait pas grand-chose de retourner chez nous. J'aurais plus la force de labourer, la charrue serait trop pesante, lever une botte de foin au bout de ma fourche, je serais pas capable non plus.

Le soir de Noël ma bru m'avait mis des sandwiches au poulet avec une bouteille de bière dans mon lunch. Après ça j'ai bien dormi. J'ai hâte au printemps, j'ai hâte que les oiseaux reviennent. Je fais des petites boulettes avec les croûtes de mes sandwiches. Je vas les nourrir dans la cour.

Finalement Marie-Louise est morte de consomption. Comme son frère Oguinase.

Des fois je me demande s'ils parlent encore de moi au village. On sait jamais, ça se pourrait.

Montréal, 12 juin 2011

OUVRAGE RÉALISÉ PAR
LUC JACQUES, TYPOGRAPHE
ACHEVÉ D'IMPRIMER
EN JANVIER 2013
SUR LES PRESSES
DE MARQUIS IMPRIMEUR
POUR LE COMPTE DE
LEMÉAC ÉDITEUR, MONTRÉAL

DÉPÔT LÉGAL
1re ÉDITION : 1er TRIMESTRE 2013
(ÉD. 01 / IMP. 01)